Politisches Programm von Alain Bopp

Lob der Helvetia

Ein Gespenst geht um:
Zeitgeschichtlicher Analphabetismus

Zum Autor

Alain Patrice Bopp. Geboren 1986 in Schaffhausen. Aufgewachsen im Zürcher Weinland, dann wohnhaft in Winterthur, Embrach, Solothurn und nun Biel. Unabhängiger Journalist, Autor & Künstler. Symboliker, Gnostiker, Determinist, Systemesoteriker. Im Vorstand des Netzwerkes City Card Biel/Bienne und Gründer der FREIE MITTE – CENTRE LIBRE; www.freiemitte-centrelibre.ch, www.citycardbielbienne.ch, www.alainpatricebopp.ch.

Jenny –
A Whole Lotta Love!

Inhalt

Anhänge

Bedingungsloses Grundeinkommen BGE
Energiewende
Pflanzenproteinbasierte Ernährung
Ukraine-Konflikt
Reform der Europäischen Union EU
Gendersternchen

Vorwort

Wegen einer eigen- und einzigartigen Seele, die sich in meine eingeschrieben hat, bin ich im April 2020 nach Biel zugezogen, um zu bleiben. Bereits einige Jahre zuvor, intensiv die Monate vor dem Umzug, habe ich begonnen, Biel, Bern und Umgebung kennenzulernen. Biel war von Anfang an ein Coup d'œil für mich. Darum fühlte ich mich bereits die ersten Tage als Bieler, auch wenn man das schon fast nicht sagen darf. So waren die Stadtratswahlen 2020 die ersten für mich in Biel. Meine ursprüngliche Heimat ist Winterthur.

Der Autor ist Schweizer Bürger und besitzt einen spanischen EU-Pass. Hier geäußerte Ansichten entsprechen rein persönlicher Meinung und müssen nicht denen von Organisationen, die ich unterstützen oder vertreten könnte, entsprechen.

Folgend ein Lob auf die Errungenschaft und Wahrung Schweizer Souveränität und Neutralität! Es gibt so viel, was sich andere Länder an der Schweiz abgucken könnten. Als Mitglied bei DiEM-

25 begrüße ich demokratische Bemühungen in der EU, bin aber der Meinung, dass die EU das Demokratieverständnis der Schweiz übernehmen müsste, und nicht umgekehrt. Der Lohnschutz und soziale Standards der Schweiz dürfen nicht angetastet werden! Eigene Gerichtsbarkeit und Handlungsfähigkeit müssen gewahrt bleiben! Sobald die EU wie im Sinne der Schweizer Verfassung aufgezogen würde, also diese vorher ja eh untergraben wäre, könnte die Schweiz auch Teil einer EU werden. Auch sind in der EU dringend Bemühungen gegen Korruption und für Transparenz erforderlich. Ich sage gerne, die wichtigsten Institutionen der Schweiz sind die WEKO und der Preisüberwacher. Wirtschaftskriminalität und -hörigkeit sind natürlich auch in der Schweiz stark ausgeprägt. Persönlich und auch aus zeitgeschichtlicher Perspektive finde ich es beängstigend, wenn eine paneuropäische Armee und ein paneuropäischer Staat entstehen würden, der der Fläche des Dritten Reiches gleicht. Die EU müsste nach Schweizer Vorbild aufgezogen werden, was auch eine Schweizer Beteiligung ermöglichen würde, wenn Schweizer Werte (Direkte Demokratie, Föderalismus, Konkordanz, Milizsystem) nicht untergraben würden mit einem Beitritt.

Vor mein nationales oder universales Programm folgt ein kurzer Anriss zu städtischen Angelegenheiten in Biel, wie ein allfälliges Wahlprogramm in den Stadtrat 2024 orientiert sein müsste.

Ich halte es mit Slavoj Žižek und Sahra Wagenknecht als hausgemachte Folgen linker Politik, wenn ein gesellschaftlicher Wandel nach rechts unaufhaltsam scheint und ein Versagen linker Politik darstellt, welches die Bedürfnisse der Bevölkerung immer mehr vernachlässigt und nicht mehr wahrnimmt, und darum eine Kritik linker Politik von ganz links außen immer nötiger wird, um nicht noch mehr Wähler nach rechts abwandern zu lassen.

BIEL

Standortattraktivität von Biel stärken!

Die rote Stadt am blauen See bietet viel Potenzial! Mein Programm wäre ein schlichtes eines zur Erhaltung und dem Ausbau der Standortattraktivität in jeglichen Bereichen. Das wären:

Standortattraktivität für Berufsbildung

Die Attraktivität des Standortes von Biel für Berufsbildung muss erhalten bleiben und ausgebaut werden. So sind Ansiedelungen wie die des ceff ARTISANAT zu begrüßen.

Bestehende Institutionen:

- KBVE Ausbildungszentrum für Elektroberufe
- Berufsbildungszentrum BBZ
- BFB Bildung Formation Biel Bienne Wirtschaftsschule
- BFH-TI Berner Fachhochschule Technik & Informatik
- BFH-AHB Berner FHS Architektur, Holz & Bau
- Switzerland Innovation Park Biel/Bienne SIPBB
- HKB Oper und Rhythmik (Jakob-Rosius-Strasse 16)
- Ingenieurschule Biel-Bienne Höhere Technische Lehrsanstalt ISB / HTL (Quellgasse 21)
- WBZ Weiterbildungszentrum (Wasenstrasse 9)
- Alpha Academie Biel Coiffeur-Kompetenz Center
- Schule für Gestaltung Bern und Biel (Salzhausstr. 21)
- cinfo – Zentrum für Information, Beratung und Bildung für Berufe in der internationalen Zusammenarbeit
- Berufsberatungs- & Informationszentrum BIZ

- Höhere Fachschule Technik Mittelland hftm
- Bildungszentrum Baubiologie (General-Dufour-Str. 18)
- TFS Biel Technische Fachhochschule (Salzhausstr. 18)

Standortattraktivität für Breitensport

Der Ausbau attraktiver Sportinfrastruktur muss weitergeführt werden. Darum begrüße ich die Multisporthallen Bözingenfeld (Schulsport, Inlinehockey, Turnzentrum, Sportklettern) oder die Squashanlage Squash Factory.

Bestehende Sporteinrichtungen:

- Eidgenössische Hochschule für Sport Magglingen EHSM
- Tissot Arena (FC Biel-Bienne, EHC Biel, Curling, etc)
- Swiss Tennis (Roger-Federer-Allee 1)
- Leichtathletikanlage Längfeld im Bözingenfeld
- Squashanlage Squash Factory (Längfeldweg 139)

Standortattraktivität für Medizinaleinrichtungen

Die intensivierten Bemühungen in der Standortattraktivität für medizinische Versorgung und Forschung sind zu begrüßen! Mich erfreut der Ausbau der Gesundheitseinrichtungen um den Bahnhof Biel! So sind Ansiedelungen wie die des Institutes für Rehabilitation und Leistungstechnologie der Berner Fachhochschule aus Burgdorf und ihre Eingliederung in das Institute for Human Centered Engineering HuCE natürlich erfreulich.

Das Spitalzentrum Biel SZB hat zusätzliche 3'000 Quadratmeter Fläche in unmittelbarer Nähe zum Gesundheitszentrum «Medin» für jährliche Mietkosten von rund 1 Million Franken dazu gemietet, die sie ab 2024 betreiben wird. So eine interdisziplinäre «Memory Clinic» und ein multidisziplinäres Kompetenzzentrum rund um chronische oder komplexe Erkrankungen namens «Maison de la Santé et de la Prévention», welches 2026 eröffnet werden soll.

Bestehende Medizinaleinrichtungen:

- Medizinisches Zentrum Biel MZB (Unionsgasse 14)
- MEDIN Biel/Bienne (Bahnhofsplatz 2c)
- Localmed Biel Hausärztezentrum
- Spitalzentrum Biel (Vogelsang 84)

Standortattraktivität für politische Innovation

Der Leistungsabbau im Service Public muss unbedingt verhindert werden! Städtische Arbeitsbedingungen müssen verbessert werden! Der Sanierungs- und Investitionsstau muss dringend angegangen und abgetragen werden. Um eine Erhöhung des Gemeindesteuersatzes wird die Stadt nicht umhin kommen können. Investitionen in Personal und Infrastruktur der Stadt gilt es beizubehalten und nicht abzubauen! Die notwendige Renovation und Instandhaltung öffentlicher Infrastruktur und Immobilien darf nicht vernachlässigt werden! So muss die Förderung des sozialen und gemeinnützigen Wohnungsbaus und die Beteiligung der Stadt am Immobilienmarkt ausgebaut werden. Ein Nein zur Wiedereinführung von Doppelmandaten muss klar sein.

Auf keinen Fall darf am Personal in der Stadtverwaltung und der Abfallbeseitigung gespart werden. Die Arbeitsbedingungen und -entlöhnungen im öffentlichen Dienst, der Abfallreinigung und im Straßeninspektorat müssen dringend verbessert werden!

Standortattraktivität für vielfältige Kultur

Es braucht den Ausbau und die Förderung künstlerischer Expression und Interaktion! Auch würde ich eine Solidarity Map mit der Auflistung von Hilfsangeboten für Hilfsbedürftige einführen, eine Kulturagenda (mit integrierter Politagenda) und einen regelmäßigen interkulinarischen und -kulturellen Austausch (kulinarischer Köstlichkeiten, traditioneller Spezialitäten und Nationalgerichte). Dringender wie je braucht es eine lösungs- und konsensorientierte Stadtpolitik! Die Sanierung des Finanzhaushaltes der Stadt muss oberste Priorität bleiben. Auch der Ausbau der Sucht- und Schuldenberatung muss angegangen werden. Zur Standortattraktivität gehört ein starker Service Public und ein ansprechendes Stadtbild.

Standortattraktivität für energetische Innovation

Die vielfältigen Bemühungen um energetische Innovation in der Stadt sind stark zu unterstützen. Darum muss die Zertifizierung als «Energiestadt Schweiz» beibehalten, die Zertifizierung als «Grünstadt Schweiz» angestrebt werden. Stark begrüße ich auch die intensivierte Verlagerung städtischer Parkplätze in Parkhäuser. So sind die «Stadtklima Initiative» und die «Velooffensive Stadt Biel» notwendige Zeichen in eine zukunftsträchtige städtische Energiepolitik! Auch «Urban Zéro» begeistert mich von der ersten Sekunde an! Die Stadt braucht eine verkehrsreduzierte Innenstadt! Auch eine Gondel quer durch Biel würde die touristische Attraktivität steigern. Auch ein autofreier Bahnhofplatz wäre wünschenswert. Ich fordere eine autofreie Stadt (außer für Anlieferer, Anwohner, Besucher, ÖV und Blaulichtorganisationen)! Zwingend wie dringend sind Lösungen zur Entlastung und Regulierung des erhöhten Verkaufsaufkommens an Seeufern in den Gemeinden Mörigen, Sutz-Lattrigen, Ipsach und Nidau! Da meine anfängliche Idee von unterirdischen Parkhäusern wider Erwarten auch bei Autofahrern gut ankam, würde ich inzwischen eine Verlagerung der Parkplätze am See in unterirdische Parkhäuser begrüßen, auch wenn Tiefgaragen am See mein Herz wohl mehr bluten lassen, wie die oberirdische Überfüllung mit Autos um den See.

Die Trennung von Velo- und Fußgängerwegen muss eingeführt und gewährleistet werden. Von der Idee der A5-Westast war ich entsetzt. Ich begrüße die Erneuerung des SBB-Werkes in Biel, die Aktivitäten der Solargenossenschaft Biel/Bienne und den «Prix Engagement» der Stadt Biel zur Wahl der drei besten Liegenschaftserneuerungen.

IDEELLE UNTERSTÜTZUNG FÜR: Mädchentreff Artemiss BielBienne (Eisengasse 6), Barbarie (Alternative Music Festival), Biel für Alle – Bienne pour Tous, Bieler Wohnbaugenossenschaft Biwog (Waldrainstr. 63), Brasserie La Marmotte, Afrofeministische Kollektiv CABBAK Biel, Casanostra Verein für Wohnhilfe, Chessu Biel, Der ORT (Marktgasse 34), EQUIPE VOLO – Das Haus, Extinction Rebellion Biel/Bienne, Gassenküche (Oberer Quai 52), Geburtshaus Luna (Unterer Quai 23), Gemeinnützige Gesellschaft Biel (GGB) – La Glaneuse, Genossenschaft FAB-A (Fabrikgässli), Projekt Grandir Ensemble des InfoQuartiers Beaujean, Pro Velo BSJ, Ein Haus pour Bienne (Kontrollstrasse 22), Hot Pot Chillies (Anbau auf dem Terrain Gurzelen), insieme Biel-Seeland (Burgunderweg 36), Interkultureller Verein Nidau InterNido, Jugendarbeit Nidau und Umgebung JANU, KartellCulturel – Le Singe (Untergasse 21), Permakultur-Projekt «LangSAMEr» (Terrain Gurzelen), LeihBARàObjets Biel/Bienne (Der ORT), Multimondo – Interkulturelle Bibliothek LibriMondo (Neumarktstrasse 64),

Notschlafstelle Sleep-In (Mattenstrasse 13), Ökofeministisches Kollektiv La Bise (Untergasse 44), plusQ'île Festival (Neptunwiese am Bielersee), QuartierInfo Mett (Poststrasse 41), Quartierleist Neumarkt – Oberer Quai Biel (Salomegasse 11), QueerBienne (Untergasse 38), Réseau Transition Suisse Romande (General-Dufour-Strasse 18), Samengemeinschaftszucht Sagezu Biel (Terrain Gurzelen), Schlachthof Kulturzentrum (Murtenstrasse 70), Förderverein Mubaya Ökodorf Zimbabwe (Beundenweg 52), Frauenhaus und Beratungsstelle solidarité Femmes (Kontrollstrasse 12), Spitex Biel-Bienne Regio AG (Zentralstrasse 115), Stiftung Battenberg (Südstrasse 55), Stiftung Berner Gesundheit JBS (Bahnhofstrasse 50), Stiftung der Burgergemeinde Bözingen zur Förderung der Ausbildung (Solothurnstrasse 7), Stiftung Dammweg (Dammweg 25), Stiftung Dessaules (Nidaugasse 14), Stiftung Foyer Schöni (Karl-Neuhaus-Strasse 32), Stiftung Hans Gutjahr (Parkweg 8), Stiftung Intégration pour tous IPT (Freiestrasse 2), Stiftung Jeanne Huber (Ni-daugasse 49), Stiftung Lore Sandoz-Peter (Mattenstrasse 88), Stiftung Vinetum (Sydebusweg 9), Transition Biel Bienne – Vision 2035 (Marktgasse 34), Terrain Gurzelen – Gurz Buvette (Champagneallee 2), terre & lumière Weinbau, TerreVision (Gerbergasse 25), Tierpark Biel (Zollhausstrasse 103), Verein Frauenplatz Biel, Verein KOLLEKTIV INKLUSIV, Verein LabCity – Particibienne, Verein MädchenHouse desFilles Biel/Bienne, Verein mosaïk (Fabrikgässli 1), Verein Robin Food (Terrain Gurzelen), X-Project Jugendkulturhaus (Rennweg 62), Zentrum für sexuelle Gesundheit (Bahnhofplatz 2d).

LIEBLINGSLOKALE: Atomic Café (Bahnhofplatz 5), Café du Commerce (Untergasse 25), Café Littéraire (Obergasse 11), Carré Noir (Obergasse 12), Dan'ton-ku Tiki Bar (Kanalgasse 27), DISPO (Dr. Schneider-Strasse 3 in Nidau), Gärbi Breihaus (Gerbergasse 25), Kreuz Kultur Nidau+ (Hauptrasse 33 in Nidau), SCAT CLUB

(Ring 14), Le Singe (Untergasse 21), Tiffanys (Zentralstrasse 52), Twentys Cocktailbar (Obergasse 20).

LIEBLINGSGESCHÄFTE: ÄSS-BAR (Marktgasse 27), Batavia Épicerie Moderne (Kirchgässli 1), Best Man Barber Shop (Zentralstrasse 22), Épicerie 79a (Schützengasse 79a), Librairie & Café Bostryche (Zentralstrasse 14), Delirium Ludens (Unionsgasse 15), Geno Apotheke (Zentralstrasse 45), Marmelade (Zentralstrasse 34), Migros Neumarkt (Kanalgasse 36/38), Narimpex (Schwanengasse 47), Umami Vegane Cuisine (Schmiedengasse 12), Velo-Center (Ernst Schüler Strasse 31).

MITGLIEDSCHAFTEN & AKTIVITÄTEN: Gründung FREIE MITTE — CENTRE LIBRE, Vorstand City Card Biel/Bienne, LeihBARàObjets, Kunstverein Biel, Die Literarische Biel, Literaturcafé Biel, Café Philo Fledermaus, DiEM25.

UNTERSTÜTZTE BEWEGUNGEN INTERNATIONAL: Anonymous, All Lives Matter (damit auch Black Lives Matter), #MeToo (damit auch #MeTooInceste), Ni una más!

ALLGEMEINE FORDERUNGEN

UMWELTSCHUTZ

Es braucht abschreckende Strafen bei Littering! Darum sind Sensibilisierungen und Maßnahmen gegenüber der wilden Müllentsorgung dringend notwendig, sind Aktivitäten wie Clean-Up Days oder Plogging (von schwedisch *plocka upp* – aufheben – und Jogging) unerlässlich und sehr begrüßenswert. Natürlich muss Müllentsorgung und -recycling gewährleistet sein. Die Säuberung der Meere von (Mikro)Plastik und Müll ist dringend angesagt, wie auch die Säuberung des Weltraumes von Weltraumschrott. So begrüße ich Lösungen zur Weltraumschrottsäuberung und -sammlung wie die der Schweizer Firma ClearSpace, von der Europäischen Weltraumagentur ESA für die weltweit erste Säuberungsmission im All beauftragt. Das wird ein drängendes Problem für die Aufrechterhaltung der modernen Infrastruktur wie auch den Betrieb der ISS.

Sauberes und kostenloses Trinkwasser für alle muss selbstverständlich werden! Eine hohe Trinkwasser- und Luftqualität muss garantiert sein. Ökologische Katastrophen gilt es zu verhindern zu versuchen. Die größtmögliche Erhaltung der Natur und aller ihrer Ökosysteme muss oberste Priorität sein. Der Schutz unersetzbarer Ökosysteme muss gewährleistet werden! Darum braucht es einen intensiven Ausbau des vertieften Naturschutzes. Nachhaltige Aufforstung betreiben und vorantreiben muss höchstes Ziel sein. Darum ist die **Beibehaltung und der Export des Schweizer Forstgesetzes** unabdingbar. Auch Wiederaufforstungsprogramme wie in Costa Rica müssten als Vorbild dienen. Nachhaltiger Bodenschutz gehört ausgebaut! Es braucht Lösungen für den Abbau von Mikroplastik aus Gewässern, die «Entsorgung» radioaktiver Abfälle und von Lithium! So sind die Verwertungsanlagen für Lithium-Ionen-Akkus von Redux Recycling in Offenbach DE sehr zu begrüßen! Es braucht dringend neue Technologien zur Säuberung der Meere, Gewässer, Umwelt von Abfall und Mikroplastik! So sind Projekte wie der Roboter Silver 2 sehr erfreulich. Auch Plastik-Alternativen wie traceless und biologisch abbaubares Verpackungsmaterial müssen dringend entwickelt werden. Es braucht eine effektive Verhinderung und Kontrolle der Einsickerung von Schadstoffen ins Grundwasser! Öffentlich zugängliche Trinkwasserbrunnen müssen weiter ausgebaut werden. Aktuelle Restwasservorgaben für Wasserkraft müssen beibehalten werden. Es braucht die sofortige Senkung des Methangasausstoßes.

KLIMAANPASSUNG

Der Klimanotstand dürfte inzwischen kaum übersehbar sein. Nun gilt es den Auswirkungen der Klimaveränderung beizukommen und die Klimaanpassung anzugehen und zu fördern. Auch die entstehende Todeszone am Äquator und existenzielle Bedrohung durch häufigere Hitze fordert soziale und geographische Anpassungen. Eine intakte Umwelt müsste gewährleistet sein oder wiederhergestellt werden. Die Renaturierung und Begrünung aller Siedlungsflächen gilt es voranzutreiben, die Förderung genetischer Vielfalt in Fauna und Flora auszubauen, Vorbereitungen für die Zunahme von Dürren und Hitzewellen und Maßnahmen gegen die Meeresspiegelerhöhung zu treffen. Eine garantierte Grundwassersicherung und -versorgung für alle ist ein Muss! Die Versalzung des Grundwassers und die Wasserverknappung muss verhindert werden! Auch jegliche Formen von Greenwashing. Workshops für Naturkunde könnten ausgebaut werden. Die Dringlichkeit von Artensterben und Klimawandel muss allen bewusst werden!

VERKEHRSWENDE

Die öffentliche Verkehrsinfrastruktur muss ausgebaut und bezahlbarer werden. Sichere Wege für Fußgänger und Fahrradfahrer müssen erhalten oder geschaffen werden. **Das Schweizer ÖV-Konzept muss exportiert werden!** Die Reduzierung des motorisierten Individualverkehrs und der Ausbau verkehrsbefreiter Zonen müssen vehement vorangetrieben werden. So begrüße ich das Projekt Cargo sous terrain CST, die Errichtung von unterirdischem Gütertransport. Auch fordere ich die Erhöhung einer Kerosinsteuer. Der nichtmotorisierte Verkehr muss gefördert werden. Auch die Einführung von Wasserstoff-Autos (wasserstoffbetriebenen Fahrzeugen) müsste gefördert werden. Die ÖV-Verbindungen zwischen Arbeitsplatz und Wohnort müssen dergestalt ausgebaut sein, dass ein Verzicht auf das Auto für viele überhaupt erst möglich würde.

ENERGIEWENDE

Die Verminderung und vollständige Abkehr von der Abhängigkeit von fossilen Brennstoffen muss höchste Priorität erhalten. Die Vermeidung des Verbrauchs fossiler Brennstoffe, die Forcierung einer fossilfreien Gesellschaft und der Ausbau erneuerbarer Energiequellen muss dringend intensiviert forciert werden. Auch der Ausbau und die Intensivierung einer Kreislaufwirtschaft sind von Nöten! Die energetische Sanierung aller Gebäude und eine energieeffiziente Gebäudestruktur müssen gefördert und vorangetrieben werden. Es braucht die verpflichtende Einhaltung des Minergie-P-Standards in der Gebäudesanierung und Energieeffizienz! **Der Minergie-P-Standard in der Gebäudesanierung und Energieeffizienz gehört exportiert!**

Nachhaltiger und modularer Gebäudebau muss Norm werden! Auch die Einführung modularer Elektroindustrie muss diskutiert werden. Die Renovierung und Sanierung öffentlicher Einrichtungen müssen angegangen und forciert werden! Das Ziel muss 100 % erneuerbare Energiequellen sein! Steigerung und Förderung der Energieeffizienz ist das erste Gebot! Dringend wird die Entwicklung moderner Energiespeichersysteme benötigt, das Einspeisenetz und die Einspeisevergütung müssen klar geregelt sein. Das Fernwärmenetz muss ausgebaut werden.

AGRARWENDE

Es braucht eine vollkommene Umstellung auf biologische und nachhaltige Produktionen in der Landwirtschaft. So müssen Projekte zu autarker Selbstversorgung und Lebensgestaltung mit Energie und Ernährung unterstützt werden. Die Ernährungssicherheit muss weltweit gewährleistet sein. Die Reduzierung der weltweiten Anbaufläche für Sojabohnen zur Tierfutterproduktion muss dringend durchgesetzt werden. Auch die Kennzeichnungspflicht zum Tierfuttermittel auf allen tierischen Produkten muss sichergestellt sein. Permakultur (permanent agriculture) muss gefördert werden. Gentechnikfreie Landwirtschaft muss garantiert bleiben. Darum braucht es ein Verbot und die Beibehaltung des Verbots von gentechnisch veränderten Organismen (GVO), gentechnisch verändertem Saatgut. Ökologische Landwirtschaft gehört ausgebaut und gefördert. Ein ökologischer Umgang mit natürlichen Ressourcen müsste selbstverständlich sein. Pflanzenproteinbasierte Produkte sollten subventioniert und gefördert werden. Vegane Ernährung und Produkte müssten bezahlbar sein. Meiner Meinung braucht es eine staatliche Beteiligung an Innovationen und Experimenten zur Ernährungszukunft. Das Projekt «Ernährungszukunft Schweiz» ist natürlich zu begrüßen! Auch braucht es dringend Maßnahmen zur Vermeidung von Food Waste. So wäre ich für die Verpflichtung des Handels, Produkte am letzten Tag des Ablaufdatums zu einem Zehntel des üblichen Preises zu verkaufen oder gar zu verschenken (um genießbare Lebensmittel nicht wegwerfen zu müssen).

ARTENSCHUTZ

Dringend müssen Maßnahmen gegen das zunehmende Artensterben ergriffen werden. Die Förderung der Biodiversität, der Artenvielfalt, muss an erster Stelle stehen! Es braucht einen artgerechten Umgang mit Haus- und Nutztieren. Um den Methangasausstoss zu reduzieren, müsste die Nutz- und Haustierhaltung drastisch reduziert werden. Es braucht die Einhaltung und der Ausbau des Tierschutzes! Es braucht ein Verbot von Intensiv- und Massentierhaltung! Eine sukzessive Abkehr von fleischlicher Ernährung wäre sehr erstrebenswert. Dagegen lehne ich Zellkulturfleisch ab (wenn schon, müssten wir gänzlich vom Fleischkonsum abkommen, und sich auch sonst vielseitig ernähren können...). Es braucht ein Werbeverbot für Fleischwaren und tierische Produkte! Es braucht ein Zuchtverbot von Raubkatzenbabys als Touristenattraktion zum Kuscheln! Auch die Sensibilisierung für die Gefahren der Überfischung muss aufrechterhalten werden. Der Schutz und die Erhaltung von bedrohten Naturvölkern müssen garantiert sein!

SIEDLUNGSPOLITK

Es braucht die Einführung einer Mietpreisbindung. Leistbare Eigenheime und bezahlbarer Wohnraum müssen möglich sein. Generationsgerechtes Wohnen, Netzwerke autonomer Strukturen und Genossenschaften, alternative Wohnformen, autofreie Wohnbereiche und Ökoquartiere müssen gefördert werden. Es braucht eine intensive Bepflanzung aller Siedlungsflächen und Fassaden. Es braucht ein Spekulationsverbot bei Immobiliengeschäften und die verstärkte Einbindung der Bevölkerung in die Gestaltung ihrer Lebensräume.

«Gleicher Lohn für gleiche Arbeit!» und «Sozialer Lohn für soziale Arbeit!» müssten selbstverständlich sein. Darum ist der Stopp asozialer Entlöhnung in sozialen Berufen unumgänglich. Bessere Arbeitsbedingungen und -entlöhnungen in der Pflege, Sozialarbeit, Pädagogik, Polizei und Justiz müssen dringend geschaffen werden! Im Zuge der Teuerung sind generelle Lohnerhöhungen um mindestens 5 % zwingend notwendig. Der Ausbau des Personals in der Pflege, Sozialarbeit, Pädagogik, Polizei, Justiz und öffentlichen Verwaltung kann nur mit gesteigerter Attraktivität der Arbeitsbedingungen erwirkt werden. Auch gilt es sogenannte «Working Poors» und Altersarmut zu verhindern. Die Unterstützung für Jugendliche und Erwachsene mit psychosozialen Schwierigkeiten, im Kinderschutz, der Jugendarbeit und Suizidprävention muss ausgebaut werden. Darum braucht es mehr Zivilcourage, Engagement, Herzmenschen und Understatement! Auch die Einführung der Viertagewoche, des Bedingungslosen Grundeinkommens, der 13. AHV/IV-Rente analog dem 13. Monatslohn sind und werden offenkundig notwendig. Auch müssen die Renten und nicht das Rentenalter erhöht werden. Die Wertschätzung unbezahlter Care-Arbeit muss hergestellt werden. Soziale Gerechtigkeit und Sicherheit müssen durch ökonomische und ökologische Lösungen garantiert sein.

Es braucht mehr Awareness in der Cancel Culture und Sensibilisierung für psychische Gesundheit! Die gesellschaftliche Enttabuisierung von psychischen Krankheiten und ihren Folgeschäden ist dringend fällig! Ein interkonfessioneller und -kultureller Austausch ist von Nöten! Es braucht Perspektiven für Jugendliche und «Randständige»! Es braucht bezahlbare und genügende Kita-Plätze, verstärkte Armutsbekämpfung und Schuldenberatung!

Die Umsetzung der rechtlichen und sozialen Gleichstellung aller Menschen, unabhängig von Geschlecht, Ethnie, Konfession, Profession und Weltanschauung ist höchste Zeit!

SOZIALINSTITUTIONEN

Die Einhaltung professioneller Standards in der Arbeit mit behinderten und beeinträchtigten Menschen muss gewährleistet sein. Die Förderung sozialer und beruflicher Eingliederung benachteiligter und beeinträchtigter Personen muss an erster Stelle stehen. Transparente Kommunikation in Sozialinstitutionen ist unerlässlich. Die Fachkompetenz auf allen Ebenen muss gewährleistet sein. Betriebskulturen müssten möglichst human, nachhaltig und partizipativ gestaltet werden. Individuelle Perspektiven müssen erkannt und gefördert werden. Entwicklungsförderung von KlientInnen und MitarbeiterInnen muss an erster Stelle stehen. Auch wäre die Verbreitung und Akzeptanz des Einsatzes von BerührerInnen in Alters- und Behindertenheimen wünschenswert. Die Beendigung von wirtschaftlicher Ausbeutung in «geschützten» Werkstätten, Psychiatrien und Gefängnissen von Menschen in Notsituationen und Bevormundung wäre auch an der Zeit. Darum braucht es einen Ausbau klientelfreundlicherer Pflegeheime und effizientere interne und externe Kontrollen. Die Wahrung der Menschlichkeit, Sorgfalt, Flexibilität, Authentizität, Qualität und Verbindlichkeit müsste gegeben sein. Liebevolle Gestaltung und Annahme der Pflege Bedürftiger (auch bitte ich zu erinnern, dass «to cherish» sowohl pflegen wie auch lieben bedeuten kann) muss zunehmen.

GESUNDHEITSVERSORGUNG

Natürlich müssten stetige Steigerungen der Krankenkassenprämien unterbunden werden können. Auch lehne ich Privatisierungen von Spitälern strikt ab, bin für die Einführung einer Einheitskrankenkasse und ein Werbeverbot von Alkohol und Nikotin. Profitgier bei der Behandlung von Krankheiten muss unterbunden werden. Überteuerte, lebensnotwendige Medikamente dürfen nicht vorkommen. Gute und bezahlbare medizinische Versorgung muss immer selbstverständlicher werden. Freier Zugang zu Gesundheitsvorsorge und -versorgung ist unerlässlich! Darum braucht es einkommensabhängige Gesundheitskosten. Die Sensibilisierung für Abhängigkeitserkrankungen muss aufrechterhalten werden. Darum gilt es jegliche Abhängigkeitserkrankungen – wie Alkoholismus und Spielsucht – zu bekämpfen. Auch neuere Volkskrankheiten – wie Übergewicht und Depressionen. Weiterhin müssen auch Vorbereitungen gegenüber Endemien und Pandemien getroffen werden.

MIGRATION

Die menschenwürdige Integration von Geflüchteten muss gewährleistet sein. Ein unterstützter Integrationsprozess von Zuwanderern muss vorangetrieben werden. Eine erleichterte Anerkennung von Ausbildungen und Diplomen aus dem Ausland ist von Nöten! Auch muss die erleichterte Einbürgerung von Einwandererkindern, die in der Schweiz geboren wurden, selbstverständlich sein. Die Aufnahme von Menschen, die akut bedroht sind von Wirtschaftskrisen, Klimakatastrophen, Kriegshandlungen und unethischem Verhalten, ist Pflicht! Die Zustände in Flüchtlingsheimen müssen sich bessern.

Auch eine Amnestie für illegal Eingereiste nach 8 Jahren wäre angebracht. Es müssen bessere Lebensbedingungen in Krisengebieten zur Vermeidung von Migration geschaffen werden. Es braucht einen intensiven Ausbau humanitärer Nothilfe! Auch muss der Verbleib geflüchteter und nicht auffindbarer ukrainischer Frauen und Kinder geklärt werden! Es braucht auch akzeptable Arbeitsbedingungen und Unterkünfte für Erntehelfer und Saisonarbeiter! Selbstverständlich sind für mich auch die Akzeptanz und der Respekt für Glaubensfreiheit und Glaubensrichtungen aller Art. So beelendet mich die grassierende Islamfeindlichkeit (Islamophobie). Natürlich braucht es eine Humanisierung und Modernisierung des Islams, eine zeitgemäße Auslegung des Korans. Ich stehe ein für religiöse Freiheit und Selbstbestimmung, solange sie natürlich nicht gegen geltendes Recht verstößt. Weder bin ich für Burka-Verbot, noch für einen Burka-Zwang. Wie es im Koran heißt: «Kein Zwang im Glauben!»

DROGENPOLITIK

Die Entkriminalisierung von Drogenkonsumenten muss nach den Jahrzehnten der kontraproduktiven Repressionspolitik endlich durchgesetzt werden. Somit fordere ich die Legalisierung aller natürlichen Substanzen (aufgrund der Entkriminalisierung und Entstigmatisierung der Konsumenten, einer möglichen Marktregulierung mit garantierter Qualitätssicherung, Entlastung von Justiz und Polizei, zusätzlicher Steuereinnahmen) und die Legalisierung des Drogenhandels, was die Einbindung «organisierter Kriminalität» in die Legalität ermöglicht. Das Abwassermonitoring zur Verbreitung und Intensität des Drogenkonsums muss beibehalten werden, um sichere Daten vorweisen zu können. Substitutionen mit Methadon müssten beendet werden und stattdessen substitutionsgestützte Behandlungen mit Diacetylmorphin (pharmazeutisch hergestelltes Heroin) angeboten werden.

KULTUR

Die Anspruchshaltung in Rassismus, Sexismus und Klassismus muss bekämpft werden. Jegliche Formen von psychischer und physischer Gewalt müssen bekämpft werden. Toleranz gegenüber Andersgläubigen, anderen Meinungen, Haltungen, Ansichten muss faktisch durchgesetzt werden. Es muss alles getan werden, um Femizide und Genozide verhindern zu können. Bekämpft werden muss: Mobbing und Hate-Speech, Cybermobbing, Bodyshaming, Xeno- und Neophobie, Rassismus und Faschismus, Antisemitismus, Rechtsextremismus, Homophobie, Transphobie, Misogynie und Misandrie, wirtschaftliche und sexuelle Ausbeutung, Radikalität und Extremismus. Die Sensibilisierung gegenüber gewaltbereiten und staatsfeindlichen Ideologien und IdeologInnen muss vorangetrieben werden. Mafiöse Strukturen und strukturelle Kriminalität müssen bekämpft werden, wie auch Elitarismus und Lobbyismus. Ethnische Abschottungen und Parallelgesellschaften gilt es zu verhindern, oder eine Interaktion zwischen diesen zu ermöglichen. Persönlich lehne ich Religionsfeindlichkeit ab. Die Förderung und Stärkung ökologischer, sozialer und ökonomischer Nachhaltigkeit müssen selbstverständlich werden. Organ-, Waffen- und Menschenhandel muss bekämpft werden. Es braucht gratis Selbstverteidigungskurse für Mädchen und Frauen, wie verstärkte Sensibilisierung gegenüber Mansplaining. Ein reichhaltiges kulturelles Angebot muss erhalten werden, lokale Kunst- und Kulturförderung gehört ausgebaut.

Die Verfügung von Räumen für einen interkulturellen Austausch muss gewährleistet sein. Es braucht den Zusammenhalt und die

Zusammenarbeit antifaschistischer Gruppen. Die Bekämpfung von Mobbing aufgrund biologischer Unterschiede, psychischer Konstitution und Orientierung liegt in der gesellschaftlichen Verantwortung! Es braucht verstärkte Vorgaben zur Barrierefreiheit. Die Gewährleistung einer offenen und pluralistischen Gesellschaft muss konstant erkämpft werden! Es braucht die Durchsetzung der Meinungs- und Pressefreiheit! Zwingend ist die Förderung der Chancengleichheit für alle in allen Lebensumständen und allen Lebensbereichen! Realitätsflucht (Eskapismus) muss verhindert werden! Es braucht die garantierte gesellschaftliche Teilhabe Aller! Ökologischen Fortschritt durch sozialen Fortschritt! Ein weicher Übergang in den Postkapitalismus ist notwendig. Es braucht die friedliche Koexistenz aller gesellschaftlichen Gruppen und den Frieden zwischen allen Nationen, Religionen und Ideen!

BILDUNGSPOLITIK

Bezahlbare Bildung und Ausbildung ist notwendig! Die Aufrechterhaltung der allgemeinen Schulpflicht muss unangetastet bleiben. Der Ausbau von Bildung, Ausbildung und Forschung muss an erster Stelle stehen. Ein kostengünstiges und subventioniertes Bildungsangebot mit kostenlosen Unterrichtsmaterialien muss das Ziel sein. Die Förderung von Unterstützungsangeboten für Erwachsene, Jugendliche und Kinder muss vorangetrieben werden. Darum: Stärkung öffentlicher Bildungsausgaben! Offene Bildungswege für alle!

GENDER ISSUES

Die Sensibilisierung für die Alltäglichkeit sexueller Belästigung muss gewährleistet bleiben. Eine Unterbindung der Penetranz sexueller Bedrängungen kann mit der Verschärfung und Umsetzung des Sexualstrafrechtes beigekommen werden. Die Aufklärung und Verurteilung sexueller Straftaten muss gewährleistet sein. Der Verbreitung sexuellen Missbrauchs gilt es entgegenzuwirken. Die Bekämpfung von Pädophilie und Parthenophilie muss forciert werden. Darum braucht es stärkere Präventions- und Repressionsmaßnahmen zu sexueller Ausbeutung und strukturellem Sexismus. Somit sind auch die Einführung und Durchsetzung eines Cat-Calling-Verbots wie auch einer Nur-Ja-heißt-Ja-Regel zwingend notwendig.

Ich bin gegen die gesetzlich zwingende Verwendung von Gendersternchen (und für die Beibehaltung der Verwendung des generischen Maskulinums – das ja alle inkludiert, also sprachgeschichtlich – um die Lesbarkeit und Ansehbarkeit von Texten zu gewährleisten. Inzwischen verwende ich die Schreibweise von LehrerInnen statt wie bisher und üblich von Lehrerinnen und Lehrern zu schreiben). Statt Sonderzeichen in Worten und Sprechpausen dafür in der Rede, bin ich für die nahtlose Aussprechen z. B. von InitiantInnen, was verbal dann wohl ein generisches Femininum ergäbe. Auch bin ich gegen gesetzliche Geschlechterparitätsregelungen, auch wenn ich natürlich höhere Frauenquoten in allen Bereichen begrüße. Es braucht auch in der Schweiz die Ernennung eines Sonderbotschafters für Frauenrechte. Es darf keine Benachteiligung und Verfolgung aufgrund sexueller Orientierung und Präferenz (bei Einvernehmlichkeit unter mündigen Bürgern) geben!

Die Senkung der Mehrwertsteuer auf Frauenhygieneartikel ist überfällig, auch kostenlose Frauenhygieneartikel und Verhütungsmittel wären an der Zeit. Die Beibehaltung körperlicher Selbstbestimmung aller Geschlechter, somit auch des Rechts auf Abtreibung, müsste selbstverständlich sein. Auch kostenlose

Schwangerschaftsabbrüche müssten machbar sein. Es braucht dringend eine Aktualisierung und Relativierung jeglicher Frauen- wie Männerbilder, weiblicher wie männlicher Rollenbilder. Auch die Ehe für alle war schon lange überfällig. Ich bin gegen ein Burkini-Verbot in Badeanstalten, aber auch für erlaubtes Oben-Ohne-Baden für alle in Badeanstalten. Auch bin ich gegen die Zensur der weiblichen Brust auf Social-Media-Kanälen. Auch die Einführung sogenannter Menstruationsferien wäre an der Zeit. Dringend braucht es: Mehr (öffentlich finanzierte) Frauenhäuser. Mehr Unterstützung in der Opferhilfe. Mehr Unterstützung bei psychischer, physischer und sexueller Gewalt, bei Missbrauch und Inzest.

POLITISCHE PARTIZIPATION

Die Entfremdung der Politik von den BürgerInnen und der BürgerInnen von der Politik muss dringend behoben werden. Die politische Teilhabe und Partizipation der Bevölkerung an politischen Entscheidungsfindungen muss gefördert werden. Politische Resignation und Enttäuschung gilt es zu verhindern oder nicht zusätzlich zu verstärken. Darum braucht es: Die Einführung des Stimmrechtsalter 16 und die Einführung des Stimmrechts für Schweizer Bürger ohne Schweizer Pass (nach 5 oder 3 Jahren Wohnaufenthalt). Die politische Bildung und Beratung muss ausgebaut werden. Vor allem braucht es aber die Einführung einer Politikkunde in der Schule, um beispielsweise Wahlzettel richtig ausfüllen zu können. Die Stärkung der Demokratie und ihrer Institutionen muss wieder oberste Priorität erhalten.

Mir gefällt der Vorschlag von Sandra Hess (FDP Nidau), bei Wahlen den QR-Code mit einer Anleitung zur Abstimmung auf dem Wahlcouvert anbringen zu lassen. Wenn meist nur rund 30 % der Stimmberechtigten abstimmen, verliert meiner Meinung jegliche Politik jegliche Legitimation (sind das dann 15-20 % der Bevölkerung, die demokratisch dann die gesellschaftliche Transformation bestimmen?). Die Bürgerpartizipation muss dringend angeregt werden. Ich hatte mir sogar überlegt, ob der Gedanke von 2/3 Mehrheiten in Parlamenten und bei Abstimmungen hilfreich wäre, da dann nur Konsenslösungen durchkämen, und alle sich bemühen müssten, kleinste gemeinsame Nenner zu finden, die für Mehrheiten reichen. Aber da haben mir einige Menschen abgewunken, dass der politische Prozess dann noch mehr stagnieren würde.

WIRTSCHAFTSPOLITIK

Korruption und Vetternwirtschaft, wie jegliche Wirtschaftskriminalität, gilt es zu bekämpfen. Die Abschaffung und der Abbau unnötiger Bürokratie müssen vorangetrieben werden. Es braucht verschärfte gesetzliche Vorgaben zur sozialen und ökologischen Verantwortung von Konzernen. Die nachhaltige Nutzung von (natürlichen) Ressourcen müsste gewährleistet sein. Der Ausbau flexibler Arbeitszeitmodelle muss angegangen werden. Gute Personalausbildung mit fairer Vergütung muss selbstverständlich sein. Es braucht einen lebenswürdigen Lohn für alle Tätigkeiten. Humane Arbeitsbedingungen und -entlöhnungen müssen zunehmen! Es braucht den Ausbau und die Sicherheit industrieller Zusammenarbeit, konsequente Marktregulierung und einen ethischen Handel. Moderne Arbeitssklaverei muss verhindert werden. Es braucht eine gerechtere Weltmarktregulierung und Globalisierung! Gratis-Trinkwasser an Konzerten!

FINANZPOLITIK

Ich bin für: ein Verbot von Kryptowährungen, die Beibehaltung des Schweizer Frankens, die Einführung einer Luxussteuer auf

Luxusgütern, die Durchsetzung eines Zins- oder Wucherzinsverbot (z.B. alles über 1% Zins als illegal erklären), eine Transaktionssteuer bei Beiträgen über 100'000.- CHF, die Einführung einer Milliardärssteuer von 10% (Erhebung einer Vermögenssteuer von 10% auf Guthaben über 1. Milliarde auf Schweizer Bankkonten), die effiziente Verwendung von Steuergeldern (z. B. in der Armee), die Einführung der Individualbesteuerung, einen fairen interkantonalen Finanzausgleich, die Beibehaltung und Gewährleistung der Möglichkeit überall mit Bargeld bezahlen zu können, die Erwartung der Einhaltung von Schuldenobergrenzen, die Erhebung einer Steuer auf den Energieverbrauch aller Waren und Dienstleistungen und die Auflösung von Freizolllagern.

STAATSSTRUKTUR

Die Privatisierungen systemrelevanter Betriebe sehe ich sehr kritisch. Stattdessen braucht es die Verstaatlichung systemrelevanter Infrastruktur! Auch braucht es einen konsequent durchgesetzten Laizismus, die klare Trennung von Staat und Religion. Die staatliche Akzeptanz und Toleranz aller religiösen Weltanschauungen, Gesinnungen und Sekten muss gewährleistet sein, solange diese nicht vehement gegen geltendes Recht verstoßen. Darum lehne ich jegliche Formen von Staatsfeindlichkeit, antidemokratischer Agitationen und Gesinnungen, ab. Es braucht die stärkere Ahndung von tätlichen Angriffen gegenüber Blaulichtorganisationen, vor allem der Sanität. Auch Polizeiwillkür muss natürlich stärker geahndet werden können. Auch darf die Schweiz die Aufklärung und Nachverfolgung der Aktivitäten von den verschiedenen Nachrichtendiensten und kriminellen Organisationen im Inland nicht vernachlässigen. Die bewaffnete Neutralität und Souveränität ist der einzige Weg zur Wahrung der politischen Unabhängigkeit der Schweiz! So sehe ich die Privatisierung von Ruag Ammotec sehr kritisch, aber begrüße den Einsitz der Schweiz in den UNO-Sicherheitsrat (von Januar 2023 bis Dezember 2024).

SICHERHEITSPOLITIK

Möglichst sichere Schulwege für Kinder müssen sichergestellt sein. Es braucht auch Schulungen im Umgang mit Social-Media-Kanälen, der Digitalisierung und Cyber-Sicherheit. Die Funktionalität der Polizei muss aufrechterhalten werden können. Polizeigewalt und -willkür müsste geahndet werden. Eine faire und gleiche Behandlung aller Bürger durch die Streitkräfte von der Polizei müsste selbstverständlich sein. Auch befürworte ich die Aufhebung der Militärdienstpflicht (Wehrpflicht) wie auch die Beibehaltung des Milizsystems in der Armee und der Beibehaltung des Militärs zur Unterstützung der Polizei, im Katastrophenschutz und in der Nothilfe. Auch müssen die Bemühungen massiv intensiviert werden, um den (Zeugen)Schutz von Whistleblowern gewährleisten zu können. Die Herrschaft oder Dominanz öffentlicher Räume durch Gangs, Clans und Sippen muss unterbunden werden. Das Jugendstrafrecht muss dringend verschärft werden. In der Weiterentwicklung des Dienstpflichtsystems ist für mich die Bürgerdienstpflicht mit Wahlfreiheit die einzige Option, um überhaupt Nothilfe im Personalnotstand gewisser Berufe (Gesundheitswesen, Öffentliche Infrastruktur & Verwaltung) leisten zu können.

Die Einleitung einer dringenden und drängenden Justizreform muss angegangen werden! Die Funktionalität der Justiz muss aufrechterhalten werden können. Die Überlastung des Bundesgerichtes gilt es zu verhindern. Es braucht funktionsfähige Gerichte und ein einheitliches schweizerisches Prozessrecht. Die Beibehaltung Schweizer Souveränität und Neutralität muss un-

angetastet bleiben! Die Erhaltung Schweizer Gerichtsbarkeit ist
notwendig. Darum kann keine automatische Übernahme von EU
-Recht das Ziel sein. Die Beibehaltung und der Ausbau politischer,
wirtschaftlicher und militärischer Zusammenarbeit mit EU-Staaten muss gestärkt werden. Darum muss die Beziehung zur EU in
einem institutionellen Rahmenabkommen geklärt sein. Bi- und
multilaterale Beziehungen müssen das A und O bleiben. Ein Beitritt zur EU und NATO darf aufgrund der völkerrechtlich garan-
tierten Unverletzlichkeit und Unabhängigkeit der Schweiz keine
Frage sein! Eher müsste die EU nach Schweizer Vorbild aufgezogen werden, was auch eine Schweizer Beteiligung ermöglichen
würde, wenn Schweizer Werte (Direkte Demokratie, Föderalismus, Konkordanz, Milizsystem) nicht untergraben würden. Allein
die unterschiedlichen Vorstellungen zwischen der Schweiz und
der EU-Kommission bezüglich Lohnschutz, zeigen, wie unverträglich oder unterschiedlich die jeweiligen sozialen und politischen Standards sind. Die unaufhörlichen Bemühungen in der
Gründung einer paneuropäischen Armee sehe ich sehr kritisch
und würde stattdessen lieber Bemühungen der EU in der Abkehr
von Wirtschaftshörigkeit und US-Vasallität sehen. Zu begrüßen
sind: die Beteiligung in der ESA, die Teilnahme an EFTA, am
Schengener Abkommen, an Truppenübungen als NATO-Partner-
land und in der Organisation für Sicherheit und Zusammenarbeit
in Europa OSZE. Gleichfalls bin ich gegen den Versuch der Besie-
delung von Mars und Mond, die Aufrüstung der Weltraumtrup-
pen und -waffen, das Wettrüsten im All.

Diplomatische und humanitäre Bemühungen müssen verstärkt
werden. Der planetarischen Verantwortung müssen die Menschen endlich gerecht werden. Darum muss ein weltweiter Pazi-
fismus angestrebt werden, braucht es die Stärkung und den Ausbau von Bürgerrechten. Auch muss Indoktrination und Dogma-

tismus möglichst verhindert werden können. Es braucht die garantierte Funktionalität der Staatsorgane! Machtmissbräuche durch Amt, Stellung und Funktion müssen verhindert werden. Es braucht einen starken und dienstleistungsorientierten öffentlichen Dienst im Interesse der Bevölkerung, den Ausbau der Schutzmaßnahmen gegen Diskriminierung und Willkür von Behörden und Verwaltung, wie eine transparente und proaktive Informationspolitik von Behörden und Verwaltung. Auch die universale Umsetzung freimaurerischer Ideale von Freiheit, Brüderlichkeit und Gleichheit muss Wirklichkeit werden.

INTERNATIONALE ANGELEGENHEITEN

Stark begrüße ich die Abkehr vieler Staaten vom US-Dollar als einzige Leit- und Handelswährung auf dem Weltmarkt, und die Akzeptanz der Verwendung anderer Währungen. Die US-NWO gehört eingeschränkt! Daher begrüße ich Bündnisse zwischen China, Russland, Iran, Syrien, etc. um den vereinigten westlichen Streitkräften überhaupt etwas entgegensetzen zu können.

Der Einfluss und die Abhängigkeit von den USA auf ihre europäischen Vasallen sollte beschränkt werden, ohne natürlich nahtlos in chinesischen überzugehen. So fordere ich die Auflösung des US-Stützpunktes in Ramstein und Amnestie für Julian Assange, das traurigste Kapitel aktueller Zeitgeschichte meines Erachtens! Trauriger noch ist die derzeitige Situation in der Islamischen Republik Iran, in der massenweise Jugendliche Selbstmord begehen, nachdem sie unter Arrest vergewaltigt wurden. Diese sexistische Sittenpolizei, die seit jeher bekannt ist, unter kleinsten Vorwänden männliche Dominanz walten zu lassen, scheint die sexuelle Gewalt noch gezielter einzusetzen und auszunutzen, nebst der gewaltsamen Niederschlagung der Proteste mit bereits Hunderten von Toten.

Auch begrüße ich öffentliche Forderung der Entziehung und Aberkennung des Friedensnobelpreises für Aung Sang Suu Kyi für die Tolerierung der Verfolgung der muslimischen Rohingya in Burma. Auch ist die Befreiung der Uiguren und die Auflösung uigurischer Gefangenen- und Arbeitslager unabdingbar! Auch der Nah-Ost-Konflikt ist nur mit der Zwei-Staaten-Lösung und der Autonomie eines palästinensischen Staates zu beenden! Gleichfalls bin ich gegen den Boykott aller russischen Produkte und Personen und gegen die militärische und finanzielle Aufrüstung der Ukraine. Wie westliche Interventionen in Syrien und 2014 in der Ukraine gezeigt haben, müssten Staaten mit offenem Visier und regulären Truppen für ihre Ideologien einstehen und einsehen, dass verdeckte Operationen und wahl- und zahllose Aufrüstungen und Ausbildungen Oppositioneller den Glauben in ihre Rechtsstaatlichkeit ein wenig untergraben. Die Gründung und Akzeptanz eines kurdischen Staates müssen auch realisiert werden. Auch befürworte ich die Unabhängigkeit von Katalonien und Straffreiheit für Carles Puigdemont.

ZUSTIMMUNG FÜR FOLGENDE VOLKSINITIATIVEN: Grundeinkommensinitiative «Leben in Würde – Für ein finanzierbares bedingungsloses Grundeinkommen», Zukunftsinitiative für «Für eine soziale Klimapolitik – steuerlich gerecht finanziert», Kita-Initiative «Für eine gute und bezahlbare familienergänzende Kinderbetreuung für alle», Service Citoyen Initiative «Für eine engagierte Schweiz», Massentierhaltungsinitiative «Keine Massentierhaltung in der Schweiz», 13. AHV-Rente «Für ein besseres Leben im Alter», Steuergerechtigkeits-Initiative «Für eine zivilstandsunabhängige Individualbesteuerung», Feuerwerksinitiative «Für eine Einschränkung von Feuerwerk» (Aufgrund der Aktualität der notwendigen Bemühungen um mehr Klima- und Tierschutz), 99%-Initiative «Löhne entlasten, Kapital gerecht besteuern» (abgelehnt), Justiz-Initiative «Bestimmung der Bundesrichterinnen und Bundesrichter im Losverfahren» (abgelehnt), Pflegeinitiative «Für eine starke Pflege» (angenommen), Inklusions-Initiative «Für die Selbstbestimmung von Menschen mit Behinderungen», Klimafonds-Initiative: «Für eine gerechte Energie- und Klimapolitik: Investieren für Wohlstand, Arbeit und Umwelt», Demokratie-Initiative «Für ein modernes Bürgerrecht» und die Ernährungs-Initiative von Franziska Herren «Für eine sichere Ernährung – durch Stärkung einer nachhaltigen inländischen Produktion, mehr pflanzliche Lebensmittel und sauberes Trinkwasser». Begrüßung der Änderung im Transplantationsgesetz, Petition «Wir wollen kein Gentech-Food!», Petition für ein griffiges Konzernverantwortungsgesetz.

UNTERSTÜTZTE NATIONALE ORGANISATIONEN: Ag!ssons, Age-Stiftung, aufbruch – Unabhängige Zeitschrift für Religionen und Gesellschaft, Ärzte ohne Grenzen, Ärztinnen und Ärzte für Umweltschutz AefU, Association écoquartier AE, AvenirSocial Berufsverband Soziale Arbeit Schweiz, Biovision Stiftung für ökologische Entwicklung, Bund Schweizerischer Frauenorganisationen alliance F, Campax, Cannabis Consensus Schweiz CCCH, Christlicher Friedensdienst cfd / 16 Tage gegen Gewalt, CONTACT Stiftung für Suchthilfe, Fachstelle Frauenhandel und Frauenmigration FIZ, Fachverband Sucht, Forum für einen fortschrittlichen Islam, Feministisches Streikkollektiv 14. Juni, Fussverkehr Schweiz, Gesellschaft für bedrohte Völker GfbV, Gewerkschaft Unia, Hexenmuseum Schweiz (Schloss Liebegg), IG Saubere Umwelt IGSU, Initiative Sexualbegleitung InSeBe, Interreligiöse Arbeitsgemeinschaft IRAS COTIS, Interreligiöser Think-Tank, Koordinationsstelle für nachhaltige Mobilität KOMO, Märchenstiftung Mutabor, Melde- & Analysestelle Informationssicherung MELANI, Nationale Arbeitsgemeinschaft Suchtpolitik NAS-CPA, Nationale Menschenrechtsinstitution NMRI, Plattform autofrei/autoarm Wohnen (Projekt von VCS), Politlabor glp lab, ProSpecieRara, Public Eye (ehemals Erklärung von Bern), Renovate Switzerland, Schweizer Stiftung VISIO-Permacultura, Schweizerischer Blindenbund, Schweizerische Energie-Stiftung SES, Schweizerischer Friedensrat SFR, Schweizerische Gesellschaft für Psychiatrie & Psychotherapie SGPP, Schweizerische Gesellschaft für Religionswissenschaft SGR-SSSR, Schweizerischer Gewerkschaftsbund SGB, Schweizerische Verband des Personals öffentlicher Dienste VPOD, Solidar Suisse (früher Schweiz. Arbeiterhilfswerk SAH), Stiftung Denk an mich, Stiftung Erziehung zur Toleranz SET, Stiftung für das Tier im Recht TIR, Stiftung gegen Gewalt und Frauen und Kindern, Stiftung gegen Rassismus und Antisemitismus GRA, Stiftung Märtplatz, Studienverein zeitlose Weisheit der TG Adyar, Sustainable Development Solutions Network SDSN, SwissFoundations – Verband Schweizer Förderstiftungen, Swiss Protein Association SPA, Swiss Veg (ehemals Schweizerische Vereinigung für Vegetarismus SVV), syndicom Gewerkschaft Medien und Kommunikation, Terre des hommes, Tibet-Institut Rikon, Ting Community, Travail.Suisse, UmverkehR (Verkehrspolitische Umweltorganisation), Vegane Gesellschaft Schweiz, Verein Alliance Sud (seit 1971 in Bern), Verein Mad Pride Schweiz / Mad Pride, Verein Qualität im Journalismus QuaJou, Verein & Thinktank Denknetz, Viva con Agua Schweiz, WeCollect – Plattform für direkte Demokratie, Wettbewerbskommission WEKO, Wohnbaugenossenschaften Schweiz, Zürcher Institut für interreligiösen Dialog ZIID.

UNTERSTÜTZTE NATIONALE BETRIEBE: Berner Mandelbärli AG (Weyermannsstr. 24 Bern), Caritas Schweiz (seit 1901 mit Sitz in Luzern), ClearSpace SA (Rue de Lausanne 64 in 1020 Renens), eatplanted / Planted Food AG (Kemptthal, seit 2019), Ex Libris AG (seit 1947 in Dietikon), Gottlieber Spezialitäten (Espenstr. 6 in Gottlieben TG), Migros-Genossenschafts-Bund (seit 1925), Neue Zürcher Zeitung NZZ (seit 1780), Raiffeisen Schweiz Genossenschaft (seit 1899), Swissminiatur (seit 1959 in Melide TI), SwissProsthetics (Zürich), TWINT AG (seit 2004), TISO10 Ticino Solare, Umami AG (seit 2015 in Zürich), Victorinox (seit 1884 in Schwyz).

BEGRÜSSUNG POLITISCHER AKTIVITÄTEN VON: Kathrin Bertschy GLP, Pirmin Bischof MITTE, Pascale Bruderer SP, Ruth Dreifuss SP, Balthasar Glättli GRÜNE, Maya Graf GRÜNE, Barbara Gysi SP, Alfred Heer SVP, Daniel Jositsch SP, Pierre-Yves Maillard SP, Christa Markwalder FDP, Dick François Marty FDP, Mattea Meyer SP, Roger Nordmann SP, Ruedi Noser FDP, Valentine Python GRÜNE, Paul Rechsteiner SP, Franziska Roth SP, Barbara Schaffner GLP, Meret Schneider GRÜNE, Carlo Sommaruga SP, Aline Trede GRÜNE, Flavia Wasserfallen SP, Céline Widmer SP, Raffael Wüthrich GRÜNE, Sarah Wyss SP, Roberto Zanneti SP.

UNTERSTÜTZTE PERSÖNLICHKEITEN NATIONAL: Norbert Bischofberger (Journalist und Theologe), Barbara Bleisch (Autorin und Moderatorin), Gimma / Gian-Marco Schmid (Musiker), Amira Hafner-Al Jabaji (Islamwissenschaftlerin), Dr. h.c. theol, lic. phil. hist. Rifa'at Lenzin, Agota Lavoyer (Expertin für sexualisierte Gewalt), Roger Liggenstorfer (Verleger und Aktivist), Bruno Manser (Ethnologe und Aktivist), Franziska Schutzbach (Soziologin), Jolanda Spiess-Hegglin (Aktivistin und Journalistin), Hugo Stamm (Journalist und Sektenexperte), Nicola Steiner (Kulturjournalistin), Jean Ziegler (Soziologe).

UNTERSTÜTZTE ORGANISATIONEN EUROPA: Amnesty International (seit 1961 in London), Arbeitskreis für vergleichende Mythologie e.V. (Leipzig), Archiv für Altes Gedankengut und Wissen AAGW, Books for Future, Democracy in Europe Movement 2025 (DiEM25), FAU – Die Basisgewerkschaft (Krefeld DE), Ibn-Rushd-Goethe-Moschee Berlin Moabit (Einsatz für einen liberalen und zeitgenössischen Islam), Le Monde diplomatique (seit 1954), méta Centre for Post Capitalist Civilisation (Athen), Momox AG / Medimops (seit 2006 in Berlin), Pro Generika e. V. (seit 2004 in Berlin), Stockholm International Peace Research Institute SIPRI, Symbolon Gesellschaft für Wissenschaftliche Symbolforschung e.V. (Ludwigshafen am Rhein), Thalia Bücher GmbH (seit 1919 in Hagen), The Economist (seit 1843 in London), Verein IG Feministische Autorinnen IgfemAT (Wien), Vulvarium (Graz), Writers for Future.

UNTERSTÜTZTE ORGANISATIONEN INTERNATIONAL: African Feminist Forum AFF, Club of Rome, Extinction Rebellion, Intergovernmental Panel on Climate Change IPCC, Reporter ohne Grenzen, Sono Motors (Entwicklung von Sono Sion, Elektroautos die auch von Solarzellen in Karosserie geladen werden), Tara Climate Foundation (Einsatz für eine Energie-Transformation in Asien mit erneuerbaren Energien), Terre des Femmes, The Lindsay Vonn Foundation, The Ocean Cleanup (2013 von Boyan Slat gegründet), Transparency International (seit 1993 in Berlin), Wikipedia (seit 2001), Women's Aid Collective WACOL.

UNTERSTÜTZTE BEWEGUNGEN INTERNATIONAL: Anonymous, All Lives Matter (damit auch Black Lives Matter), #MeToo (damit auch #MeTooInceste), Ni una más!

PERSONALIA

ZUR PERSON

Alain Bopp ist Autor von «Soma Summarum. Programm zur psychodynamischen Tiefenanalyse und -Entspannung»: Epikureischer Humanismus ist ein neuzeitliches therapeutisches Programm zur psychodynamischen Tiefenanalyse und -Entspannung in der Tradition «Ungarischer» Psychoanalyse (sprich: beziehend auf Ferenczi und die ungarische Schule der Psychoanalyse) zur Begründung eines esoterischen Lehrsystems des Tarots als «Isländischer» Hochgradritus, ausgehend von Traditionen «Schottischer» Freimaurerei.

Ausgebildeter Journalist, Autor und Künstler, selenophil & sapiosexuell, meritokratisch, www.alainpatricebopp.ch.

WERKE

Folgende Bücher sind im Handel. Über exlibris.ch oder hugendubel.de am günstigsten zu beziehen.

- Lyrisches Gesamtwerk. A5-Format, 120 Seiten.
  ISBN 9783755784159 / E-Book ISBN 9783754388075
- Œuvres lyriques complètes. Traduction personnelle de l'ensemble de mon œuvre lyrique en allemand.
  ISBN 9783756882304 / E-Book ISBN 9783756264292

- Soma Summarum Résumé. Programme d'analyse et de relaxation psychodynamique profonde. 140 Seiten.
  IBSN 9783743140769 / E-Book ISBN 9783756265015

- Soma Summarum Vollversion. Programm zur psychodynamischen Tiefenanalyse und -Entspannung. 654 Seiten.
  ISBN 9783755710226
- Soma Summarum Kurzversion. Programm zur psychodynamischen Tiefenanalyse und -Entspannung. 338 Seiten.
  ISBN 9783754395882
- Soma Summarum Zusammenfassung. A5-Format, 152 Seiten.
  ISBN 9783754378106 / E-Book ISBN 9783756263929

- Im Purpurkeller. Vom flammenden Gesang der Zärtlichkeit. Erotische Lyrik I. A5-Format, 128 Seiten.
  ISBN 9783738625608 / E-Book ISBN 9783756264759

- Politisches Programm. Lob der Helvetia. A5, 48 Seiten.
  ISBN 9783739209807 / E-Book ISBN 9783756265022
- Éloge de l'Helvetia. Programme politique d'Alain Bopp.
  ISBN 9783757824051 / E-Book ISBN 9783756265916

INTERESSEN: Allgemeine Geistesgeschichte, Griechische Philosophie (Heraklit, Epikur, Diogenes v. S.), Jüdische und islamische Mystik, Schiitische Illuminationsphilosophien, Weiterentwicklungen der Psychoanalyse (Ferenczi), Weltweite Geschichte, Politik und Wirtschaftsforschung, Soziologie, Psychologie und Philosophie, Tarot und esoterische Systeme, Interdisziplinäre Religionswissenschaft, Lieblingsschriften: Quran, Jesaja, Hesekiel, Nahum, Habakuk, Lieblingsbuch: 1984 von George Orwell, Zeitgenössische Kunst und Kultur. Auch fühle ich mich der praktischen Umsetzung freimaurerischer Ideale verpflichtet, was meiner Meinung im humanistischen Erbe der Aufklärung selbstverständlich sein müsste. Außerdem bin ich ein vehementer Verfechter von Adam Weishaupt (1748-1830), Éliphas Lévi (1810-1875), Madame Blavatsky (1831-1891), Sigmund Freud (1856-

1939), Oswald Wirth (1860-1943), Sándor Ferenczi (1873-1933), Victor Tausk (1879-1919), Vilma Kovács (1883-1940), Imre Hermann (1889-1984), Lillian Rotter (1896-1981), Erich Fromm (1900-1980), Frigga Haug (*1937), Peter Sloterdijk (*1947), Slavoj Žižek (*1949), Yanis Varoufakis (*1961), Robert Pfaller (*1962), Seyran Ateş (1963), Hartmut Rosa (*1965), Sahra Wagenknecht (*1969), Alexis Tsipras (*1974), Svenja Flaßpöhler (*1975), Katrín Jakobsdóttir (*1976), María Teresa Rodríguez-Rubio Vázquez (*1981) und Philipp Staab (*1983).

Anhänge

Bedingungsloses Grundeinkommen BGE

Aufgrund technischer Rationalisierungen entfallen immer mehr Menschen nicht nur als Arbeiter, sondern auch als Konsumenten. Ein BGE müsste die Fähigkeit steigern, Verantwortung und Engagement im Gemeinwesen zu übernehmen. Da die Abkehr von der Idee der Vollbeschäftigung unumgänglich wird und somit immer mehr Menschen arbeits- und mittellos werden, könnte mit dem BGE die extensive Sozialbürokratie abgeschafft und der Weg von der Ertrag- zur Konsumsbesteuerung und zu besseren und humaneren Arbeitsbedingungen bereitet werden.

Aber es müsste genug hoch sein, damit andere Sozialleistungen entfallen und die Existenzsicherung gewährleistet ist. In der Schweiz wären dies wohl zwischen 3'000 – 4'000.- CHF, am besten wohl 3'500.- CHF. Auch bin ich überzeugt, dass viele Menschen mit einem gesicherten Grundeinkommen mehr statt weniger arbeiten würden, da sie Arbeiten finden und suchen würden, die ihnen auch gefallen, oder gesicherte Mittel hätten, um eigenen Betrieben und Tätigkeiten nachzugehen. Bestimmt würde ein BGE die Kreativität und den Unternehmergeist fördern. Ein bestehender Wille zur Tätigkeit ist wohl nicht zu bestreiten. Für Götz Werner besteht das Problem in der Verkopplung von Arbeit und Einkommen und er fordert den Weg von der Einkommensbesteuerung zur Ausgaben- oder Konsumsbesteuerung. Arbeit entsteht durch Initiative, ist er sich klar und sieht das Arbeitsfeld der Zukunft in menschenzugewandter Arbeit, denn die demographische Entwicklung fordere und fördere mitmenschliche Zuwendung.

Hier mein Text für die Webseite der Passerelle:

Für ein menschenwürdiges Dasein!

Passerelle unterstützt die zweite Volksinitiative für ein Bedingungsloses Grundeinkommen (BGE) namens «Leben in Würde – Für ein finanzierbares bedingungsloses Grundeinkommen». Besonders die Corona-Pandemie hat verdeutlicht, wie notwendig eine solche Grundsicherung für Mittellose und auch die gesamte Gesellschaft ist. Damit könnten mehr Menschen ihren tatsächlichen Bedürfnisse und Wünschen nachgehen. Das BGE begünstigt ein Leben in Würde und Selbstbestimmung. Auch ermöglicht ein BGE die Anerkennung und Wertschätzung von bisher unbezahlter Care-Arbeit (in Familie und Vereinen). Aktuell werden über 50% der Arbeitsstunden in der Schweiz unbezahlt geleistet. Ein BGE unterstützt somit mehr (dringend nötiges) Engagement für Menschlichkeit und Bürgersinn, stärkt die Verantwortung für das Gemeinwohl.

Durch Technologisierung und Digitalisierung entfallen immer mehr Arbeitsplätze, was die Finanzierung des Staates durch die

Besteuerung von Arbeit zunehmend hinfällig macht. Stattdessen entstehen durch eine «Quellensteuer» auf jegliche Kapitalerträge die Chance für eine lang ersehnte fundamentale Reform des Sozialstaats. Ohne ständige Not, seinen Lebensunterhalt mit allen Mitteln und Arbeiten – oft unter menschunwürdigen Bedingungen und Bezahlungen – bestreiten zu müssen, könnten viele Menschen endlich sinnstiftenden und schöpferischen Tätigkeiten nachgehen, die ihnen tatsächlich am Herzen liegen. Sogenannte «Working Poors» wären damit auch Geschichte.

Der Initiativtext bietet genügend Spielraum bezüglich Umsetzung, was eine große Partizipation, Validierung und bedarfsgerechte Anpassung durch die Zivilgesellschaft ermöglicht. Das Finanzierungsmodell, Höhe und Umsetzung eines BGE wird vom Parlament ausgehandelt und verabschiedet. In Deutschland wird die Einführung von Bürgergeld oder eines solidarischen Grundeinkommens diskutiert, was ewige Anpassungen und Unzufriedenheiten an den bisherigen sozialen Sicherungssystemen erübrigen würde. Auch in Brasilien, Namibia und Südafrika wird ein BGE als der beste Weg angesehen und vorangetrieben, um entwürdigender Armut ein für alle Mal ein Ende zu bereiten.

Die Idee des BGE wird unterstützt von David Richard Precht, Katja Kipping und Götz Werner. Auch der Ökonom Thomas Straubhaar, Volkswirtschaftsprofessor an der Universität Hamburg, fordert: Grundeinkommen jetzt!

Energiewende

Intensivierte Auswirkungen der Klimaveränderung wie verstärkte Hitze wären ja prädestiniert für die Nutzung als Energiequellen. Da fossile Energien auch endlich sind, wäre die Intensivierung von erneuerbaren Energien zwingend (schon vor der Ukraine-Krise, anstatt nach anderen Bezugsquellen von befreundeten – oder von der westlichen Wertegemeinschaft in der US-Vasallität derzeit akzeptierten oder tolerierten – Autokraten zu suchen). Bis erneuerbare Energien in genügenden Mengen vorhanden sind, bin ich der Meinung, Atomkraftwerke weiter zu betreiben solange sie «sicher» betrieben werden können oder die neue Generation von «Mini»-Atomkraftwerken voranzutreiben, die auch den radioaktiven Abfall verwerten könnte (natürlich ohne Greenwashing zu betreiben, aber besser als auf Gas- und Kohlekraftwerke zurückzugreifen). Auch macht es wenig Sinn, auf Atomstrom zu verzichten, und diesen stattdessen viel teurer z. B. von Frankreich zu beziehen. Auch die Sicherheit der Atomkraftwerke in Frankreich sollte uns besorgen, da diese ja nicht immer sehr weit weg von der Schweizer Grenze liegen, und meistens ja in einem noch schlechteren Zustand wie die Schweizer Atomkraftwerke sind. Auch machen Moratorien keinen Sinn, wenn keine Ersatzlösungen genügend vorhanden und im Betrieb sind oder annäherungsweise in Betrieb genommen werden könnten. Darum begrüße ich die Idee des Bundesrates, Leitplanken mit Solarpanels auszustatten. Intensiver und genügender Ausbau von erneuerbarer Solar-, Wind- und Wasserenergie bleibt die einzige Lösung um von endlichen fossilen Energieträgern wegzukommen. Auch müssten dafür natürlich die Speicherbatterien oder -systeme effizienter entwickelt werden. Auch müssten die Einspeisevergütungen erhöht und Einspeisungen von privaten Haushalten klar geregelt werden.

Aber mit Staaten die Menschenrechtsverletzungen alltäglich begehen nicht mehr Handel und Diplomatie zu betreiben, würde wohl heißen, mit keinem Staat mehr zu verkehren. Auch ist die Solarpanel-Industrie inzwischen fast in rein chinesischer Hand, auch die Förderung und Verarbeitung von seltenen Erzen und Erden ist fast ausschließlich in chinesischer Hand. Also wenn der nächste Schritt dann wird China zu boykottieren, gehen bei uns wohl nicht nur die Lichter aus, sondern ein sehr großer Teil unseres gewohnten Alltags wäre per sofort inexistent.

Pflanzenproteinbasierte Ernährung

Nachdem ich eine Dokumentation über die Sojaproduktion zur Verwendung als Tierfutter gesehen habe, und ich ein wenig entsetzt über die eintönige Ernährung der Massenproduktion in Mastbetrieben war, entschied ich mich vom Fleischkonsum abzukommen oder diesen massiv einzuschränken, so bin jetzt seit über einem Jahr vorwiegend (beinahe ausschließlich, mit seltenen Ausnahmen) vegetarisch. Da mir die meisten Fleischersatzprodukte aber nicht schmecken, und ich darum eine übliche fleischlose Küche führte mit den vielen natürlichen Lebensmittel. Als ich aber die Erbsenproteinprodukte von EatPlanted (besonders BBQ und Chimichurri) ausprobierte, war meine künftige Ernährungsweise gesichert. Auch hatte ich zu Beginn kein Bedürfnis nach Fleischersatzprodukten, denn wieso sollte ich Fleisch imitieren oder nachzubilden versuchen, wenn ich doch kein Fleisch mehr essen will? Darum beschränkte ich mich zu Beginn auf die übliche Küche, bis ich dann mal diese Ersatzprodukte durchprobierte. Am meisten sagen mir die Erbsenproteinprodukte zu, bei denen am liebsten (bisher) die von EatPlanted.

Darum hatte ich in dieses Programm geschrieben, der Bund und die öffentliche Hand sollten in dieses revolutionäre Unternehmen investieren (sofern denn überhaupt erwünscht). Im Verlauf der Verfeinerung dieses Programms, kam die Mitteilung, dass Yann Sommer in Planted Foods AG investiert. Auch Nico Rosberg hat bereits in pflanzenproteinbasierte Ernährung investiert.

Ukraine-Konflikt

Die Abkehr von fossilen Brennstoffen wäre ja bereits vor dem Ukraine-Krieg auf der Agenda gewesen. Daher wäre besonders jetzt die Zeit, sich aus der Abhängigkeit von endlichen fossilen Energieträgern zu lösen, und nicht die Fragen, von welchen Autokraten wir diese beziehen und welche Autokraten wir sanktionieren. Natürlich muss der völkerrechtswidrige Angriffskrieg der russischen Regierung auf die Ukraine scharf verurteilt werden, aber solange im gleichen Atemzug nicht auch der völkerrechtswidrige Putsch auf dem Maidan verurteilt wird, bleibt die Berufung auf das Völkerrecht fadenscheinig, da bekanntlich ultranationalistische und rechtsextreme Kräfte, von westlichen Mächten in speziellen paramilitärischen Trainingslagern ausgebildet und finanziert, um die Opposition anzutreiben, maßgeblich am Erfolg und der Bildung oppositioneller Kräfte beteiligt waren und nach eigenen Aussagen dessen Zusammenschlusses Prawyj Sektor verantwortlich für den Erfolg der Maidan-Proteste waren, also entscheidend waren.

Weil der rechtmäßige Präsident der Ukraine Janukowytsch nicht der EU beitreten wollte und rechtlich legitim die Ratifizierung und Unterschrift des EU-Assoziierungsabkommen verweigerte, und das Land in der EU-Frage geteilt ist, wäre es doch naheliegend gewesen, den Osten des Landes oder russlandfreundliche Kräfte und Gebiete abzuspalten von den EU-freundlichen im Westen des Landes. Selbst Angela Merkel sah am 18.11.2013 die Ukraine nicht bereit für das Assoziierungsabkommen mit der EU.

Zur Erinnerung: 2014 erklärte Ron Paul, westliche Mächte hätten
für die Unruhen in der Ukraine gesorgt; sie seien für die anhaltenden Spannungen verantwortlich und hätten Russland den
Krieg erklärt. Der führende Oppositionsführer Petro Poroschenko sagte 2014 in einem Interview, dass der Sturm auf den Maidan in der Nacht des 11.12.2013 begann, als Victoria Nuland und
Catherina Asthon in Kiew zu Besuch waren. Am 15.12.2013 flog
John McCain in das Protestlager auf dem Maidan und ermutigte
die Demonstranten, die ukrainische Regierung zu stürzen. Als
Janukowytsch im Dezember 2013 den Maidan polizeilich räumen lassen wollte, soll ihn Vice-President Biden angerufen haben und drohte ihm mit Strafen, der daraufhin die geplante Räumung zurückzog.

Daniele Ganser betont, dass ohne den Putsch durch die Maidan-Proteste zu verstehen, auch die Invasion von Putin nicht zu verstehen sei, und erklärte, dass am 20.2.2014 US-Präsident Barack
Obama die ukrainische Regierung stürzen ließ. Auch zeigt die
staatliche Kleptokratie Russlands (dem in nichts nachstehend
auch die der Ukraine), dass mafiöse Strukturen auch Regierungen stellen und nicht nur unterwandern können.

Richard David Precht wie Sahra Wagenknecht kritisieren die Waffenlieferungen aus Deutschland in die Ukraine. Klaus von Dohnanyi weist darauf hin, dass im Dezember 2021 Putin von Biden
eine schriftliche Zusicherung wollte, wie der Umgang mit der
Ukraine in der Zukunft aussehen könnte, aber Biden verweigerte
jegliche Verhandlung über die Ukraine. Auch der Musiker Roger
Waters ist der Meinung, dass Joe Biden das Feuer in der Ukraine
schüre und geschürt habe (vergleiche die Militärhilfen in Milliardenhöhe).

Tranparency International führt im Korruptionswahrnehmungs-index (Corruption Perceptions Index CPI) von 2021 die Ukraine auf Rang 122, Russland auf 136 (von 180 erfassten Staaten). Also eines der korruptesten Ländern zu sanktionieren, um ein marginal weniger korruptes Land hochzurüsten, gleicht einem Schildbürgerstreich, vor allem da bereits bekannt ist, das kaum ein Drittel der Waffenlieferungen an der Front ankommt und auf dem Weg in den Händen etablierter regionaler Machthaber der Ukraine verschwindet. Aufgrund ihrer Kontraproduktivität befürworte ich die Aufhebung und Unterlassung westlicher Sanktionen gegenüber Russland, eine «Zwei-Staaten-Lösung» oder Landesteilung mit der Anerkennung der Annektion der Krim und der ostukrainischen Gebieten Luhansk und Donbass, die Beendigung der militärischen und finanziellen Aufrüstung der Ukraine, eines der korruptesten Länder der Welt (allein die USA «investierten» über 10 Mrd. Dollar zur «Stabilisierung» der Ukraine), die Verwendung und Inbetriebnahme der Nord Stream 2 und die Beendigung und Nicht-Durchführung des Boykotts aller russischen Produkte und Personen.

Auch müsste endlich geklärt werden, wo die vielen ukrainischen Frauen und Kinder verblieben sind, die nicht mehr auffindbar und deren Verbleib nicht mehr nachverfolgt werden kann.

Reform der Europäischen Union EU

Eher müsste die EU nach Schweizer Vorbild aufgezogen werden, was auch eine Schweizer Beteiligung ermöglichen würde, wenn Schweizer Werte (Direkte Demokratie, Föderalismus, Konkordanz, Milizsystem) nicht untergraben würden mit einem Beitritt, anstatt dass die Schweiz ihre Unabhängigkeit und Neutralität verliert und vollständig Vasall europäischer Großmachtsambitionen wird. Wie die Börsenäquivalenz gezeigt hat, schmerzen einige Wirtschaftssanktionen mehr der EU wie der Schweiz. Auch darf darum keine Demilitarisierung in der Schweiz betrieben werden, da die Beziehungen zur EU (wenn auch nicht zu den Nachbarstaaten) derart instabil sind.

Allein die unterschiedlichen Vorstellungen zwischen der Schweiz und der EU-Kommission bezüglich Lohnschutz zeigen, wie unverträglich oder unterschiedlich die jeweiligen sozialen und politischen Standards sind. Die EU-Kommission wirft Deutschland und Österreich vor, «übertriebenen Lohnschutz zu leisten» und hat gegen 24 der 27 EU-Staaten (nicht gegen Portugal, Spanien und Schweden) sog. Vertragsverletzungsverfahren eingeleitet.

Gendersprache

Da mir feministische Anliegen sehr am Herzen liegen, ich in feministischen Kreisen erzogen wurde, homosexuelle Eltern besitze (also Mutter und Vater homosexuell sind), einen stark weiblich ausgeprägten Charakter und auch sonst starke weibliche Züge in vielen Dingen hätte, würde ich meinen Geist oder meine Seele als weiblich empfinden, mich sogar als genderfluid, bin aber heterosexuell (was mich ja auch mit Lesben verbindet, da ich ja auch vorwiegend nur Frauen mag) und würde eigentlich als SHE angesprochen werden wollen, da wie gesagt mein Körper ja biologisch männlich ist, der Bewohner darin aber ein weibliches Wesen, und darum eigentlich mit Ihre Exzellenz, nee, Her Majesty genügt, äh, mit Sie und sie angesprochen werden müsste. Ich lade meinen Geist ein, mir beizuwohnen.... Der Heilige Geist leite uns (und wie gesagt eine Sie nach meinem Entitäten-Studium)!

Und ich komme – wie gesagt – von der Idealisierung des Weiblichen her, was ich bisher noch nicht verloren habe, auch wenn ich einige weibliche Eigenheiten näher erfahren und schätzen lernen durfte. Daher wollte ich mich noch erklären, warum ich zwar sehr und stark für feministische Anliegen und Agitationen bin, aber trotzdem gerne keinen gesetzlichen Zwang zur Verwendung des Gendersternchens hätte, weil mir persönlich das zu umständlich beim Lesen ist (1000 Gendersternchen pro Buch....).

Ich wäre für die Einführung eines generischen Femininums in der verbalen Sprache (ohne Sprechpause), und in der schriftlichen Sprache die Verwendungen von ReferentInnen (was ja verbal ohne Sprechpause auf ein generisches Femininum hinausläuft, oder nicht?) statt Sonderzeichen zu verwenden, die meiner Meinung zum Verständnis des Inhaltes wenig beitragen. Ich fordere, dass Gendersternchen und jegliche Sonderzeichen in Worte nicht gesetzlich vorgeschrieben werden, also kein gesetzlicher Zwang dazu vorherrscht. Auch würde ich ein Gendersternchen-Verbot in offiziellen Dokumenten begrüßen.

Da fiele mir ein generisches Femininum viel leichter. Auch würde es in der französischen Sprache vieles erleichtert, wenn nur immer die weiblichen Schreibweisen verwendet werden, sobald etwas weiblich sein könnte. Und die Lösung, nur noch von Arbeitenden und Arbeitnehmenden zu sprechen, finde ich auch viel eleganter wie jegliche Sonderzeichen, wo sie nichts verloren haben. Ich sehe überall nur Sternchen.... I gseh überall nu Sternli.